SONGS OF MUTE EAGLES
CANTO DE ÁGUILAS MUDAS

SONGS OF MUTE EAGLES
CANTO DE ÁGUILAS MUDAS

by

Arthur Gatti

Bilingual edition

Translated into Spanish and edited

by

Arthur Gatti
and
Roberto Mendoza Ayala

Illustrated by
Laurie Anderson, Antonio Carmelo Gatti, Michael Hartnett,
Alethea Maguire-Cruz and Paul Oratofsky

Cover design by
Alonso Venegas Gómez
based on an illustration by Alethea Maguire-Cruz

DARK LIGHT PUBLISHING
NEW YORK • MÉXICO

2017

Copyright © 2017 by Arthur Gatti

All rights reserved. This book or any portion thereof may not be reproduced or used in any manner whatsoever without the express written permission of the publisher except for the use of brief quotations in a book review or scholarly journal.

First Printing: 2017

ISBN: 978-0-9982355-2-3

Designed and typeset in New York City by:

Darklight Publishing LLC
8 The Green Suite 5280
Dover, DE 19901

The following poems in this book have been previously published:

In a cloudless sky — *The New Mexico Quarterly,* Winter 1964-65
In the melting snow — *The New Mexico Quarterly,* Winter 1964-65
There! In the dead leaves — *The New Mexico Quarterly,* Winter 1964-65
AUGUST MOON — *Jefferson Market Library Anthology*, 2016
HER — *And Then*, 2017
HOUND — *Jefferson Market Library Anthology*, 2016
LIKE SANDBERG'S FOG — *Poetry Hunter* (online)
MANHATTAN — *Jefferson Market Library Anthology*, 2016
MISS PICASSO — *Allegro*, Issue 5 (online), *Poetry Hunter* (online)
OLD MEN — *Jefferson Market Library Anthology*, 2017 and
The New York Times "Metropolitan Diary" 1/16/17
RELUCTANT SHORELINES — *Jefferson Market Library Anthology*, 2016
SHADOWS — *WEJournal* (online)
SMALL DAILY RATION OF SUNLIGHT — *Riverside Library Anthology*, Vol. 15
STRESSED — *Jefferson Market Library Anthology*, 2016

Contents

Presentation 9
Preface 13

Like Sandberg's fog 18
Gather 'round, children 20
Hound 24
Red song 26
Reluctant shorelines 30
The empty parade 32
Dinner 36
Taste buds 38
Proprietary blues 42
Manhattan 44
Night pigeon 46
Speak to me not of your philosophies 52
Clowny the goof 58
Shadows 62
LVB 66
Is that a hum I hear? 68
Small daily ration of light 72
The old place 74
White widows 80
April, 1963 86
Her 90
Night 92
October sleepless nightmare 94
Green man 96

Stressed..98
Easter Sunday redux.......................................100
Death poem #3..104
Unexpected druids...106
Our children who die.......................................108
August moon 110
What is love…and where does she live?......112
Miss Picasso 114
Bird borne..118
After-party, movie premiere............................122
Go home...126
Half hour to your place...................................128
Volunteer 130
Old men..134
Failed voyages...136
New growth..138
Mardi Gras lament...142
Color of surrender-variation 2........................146

Arthur Gatti 148

Índice

Presentación..11
Prefacio..15

Al igual que la niebla de Sandberg................................19
Vengan acá, muchachos..21
Sabueso..25
Canción roja..27
Orillas renuentes..31
El desfile vacío..33
Cena..37
Paladares...39
Blues de la repartición..43
Manhattan...45
Pichón nocturno...47
No me hables de tus filosofías......................................53
Clowny el bobo..59
Sombras..63
LVB..67
¿Escucho un zumbido?...70
Pequeña y diaria ración de luz.....................................73
El viejo lugar..75
Viudas blancas..81
Abril de 1963...87
Ella...91
Noche...93
Pesadilla insomne de octubre......................................95
Hombre verde..97

Estresado 99
Recreación del domingo de Pascua..............................101
Poema de la muerte #3 105
Druidas inesperados 107
Nuestros hijos que mueren 109
Luna de agosto..111
¿Qué es amor…y en dónde vive ella?.........................113
Miss Picasso 115
Llevada por las aves 119
Fiesta privada después del estreno 123
¡Fuera de aquí!..127
Media hora hasta tu casa 129
Voluntario 131
Jubilados...135
Viajes frustrados 137
Brote nuevo 139
Lamentación del Mardi Gras..143
El color de la rendición-versión 2 147

Arthur Gatti 149

Presentation

Arthur Gatti is a New Yorker in every sense of the word. He knows where to find the best pizza in Greenwich Village or where avant garde music is tucked away in the basement of an obscure synagogue. Throughout his life, he has acquainted himself with characters and places—currents that make up the body of contemporary American counterculture and pop culture.

Few things escape his attention: he is familiar with the origin of the names of the streets of his great city, the histories of houses and buildings, and anecdotes about those who have lived in them. He has witnessed neighborhoods transforming before his eyes and under his feet. And, like many American journalists and writers, he has traveled his country chasing ideas, jobs and romance, while accumulating images and priceless experiences that over the years he has turned into poems.

Gatti is a lifelong social activist. Since his mid-'sixties civil rights work and opposition to the Vietnam War, he has been deeply involved in many of the important movements that have shaped his country. Recent political developments are not an exception to this.

I met Arthur Gatti at the Poetry Table in Lower Manhattan, where I was struck by the care he puts into his work. He frequently incorporates in his poetry neologisms of humor and philosophy, as the subject matter may demand. Rhythm counts as an essential part of his poems, with a precise syllabic accentuation that at times is akin to the North America inner city patois that is hip hop and rap.

It is a privilege and joy for me as an editor and translator to address the work of Art Gatti and present it to the international artistic community with all that these poems exude: the city, losses and reunions, observations of the tiny and the grandiose, the mournful evocation of the extinct and a smoldering predilection for iconoclastic chaos.

In his poetry there are tributes to the artistic currents from which he was nourished —which he refers to in the introduction to this book— as well as loving reflections on moments that move us just for being human.

Translating Art Gatti's poetry represents for me a fortunate encounter with a figure who occupies a place in the current literary scene of New York with intensity and ease.

Art Gatti reflects several facets of the contemporary Renaissance man, writing poems with great care, with a devilish intent to engage the reader in their intricate verbal labyrinths, with their complex analogies and their double and triple meanings—all rising from the page like concentric clouds, happily illuminated by the digital glimmers of the impatient New York night.

Roberto Mendoza Ayala

Presentación

Arthur Gatti es un "newyorker" en toda la extensión del término. Él sabe dónde encontrar la mejor pizza en Greenwich Village o la vanguardia de la música escondida al fondo del sótano de una sinagoga. A lo largo de su vida, él ha estado familiarizado con los personajes, lugares y sucesos que conforman el cuerpo de la contracultura contemporánea estadounidense y la cultura pop.

Pocas cosas escapan a su memoria: conoce el origen de los nombres de las calles de su gran ciudad, la leyenda de cada casa o edificio, las anécdotas de quienes han vivido en ellos. Él ha atestiguado la transformación de los barrios ante sus ojos y bajo sus pies. Y como muchos escritores y periodistas estadounidenses, ha recorrido su país en la búsqueda de ideas, empleo o amores, acumulando imágenes y experiencias invaluables que él ha ido convirtiendo en poemas al paso de los años.

Gatti es activista social de toda la vida. Desde su labor en favor de los derechos civiles en los 60's y su oposición a la guerra de Vietnam, ha estado presente en muchos de los movimientos importantes que han modelado a su país. Los acontecimientos políticos recientes no son la excepción.

Conocí a Arthur Gatti en las sesiones del Poetry Table de Lower Manhattan, donde me llamó la atención el cuidado que pone en sus obras. Con frecuencia incorpora en ellas neologismos de corte humorístico o filosófico, según lo exijan las circunstancias. Así mismo el ritmo forma parte esencial de sus poemas, con una acentuación silábica precisa que a veces linda con las formas de expresión urbana de Norteamérica que son el hip hop y el rap.

Es un privilegio para mí como editor y traductor, además de un gozo, adentrarme en la obra de Art Gatti y presentarla a la comunidad artística internacional con todo lo que estos poemas rezuman: la ciudad, pérdidas y reencuentros, la observación de lo diminuto y lo grandioso, la evocación doliente de lo extinto y una ardiente predilección por el caos iconoclasta.

Hay en ellos homenajes a las corrientes de las que el artista se ha nutrido —y que él mismo señala en la introducción a este libro—, así como también reflexiones que conmueven por estar construidas de humanidad. Traducir la poesía de Art Gatti es un encuentro afortunado con una personalidad que ocupa con naturalidad e intensidad un lugar en la actual escena literaria de Nueva York.

Art Gatti conjunta varias facetas del hombre renacentista contemporáneo. Y él escribe con gran cuidado poemas de endiablada intención para atrapar al lector en sus intrincados laberintos verbales —con sus complejas analogías y sus dobles y triples significados—, que surgen de la página como nubes concéntricas felizmente iluminadas por los resplandores digitales de la impaciente noche neoyorquina.

Roberto Mendoza Ayala

Preface

I first opened my eyes in Astoria, New York, born into a family in the throes of WWII, two uncles overseas—one, my father's kid brother—my two older female cousins in the WAACs. We listened to war news on the radio every day, so my idea of heroism was nurtured early on. And then, thanks to my spotty schooling, there came a fascination with words.

I remember returning from a Saturday movie-and-cartoon matinee—the most glorious entertainment the 1940s could offer a young kid—walking on a cloud and muttering verses to myself. I was barely eight years old. I had just seen "Cyrano De Bergerac," staring the great Puerto Rican actor, Jose Ferrer. The character set my imagination on fire: A poet and a warrior! The best of both worlds, or so I thought back then. As soon as I arrived home, I walked around the corner to my father's tailor shop and convinced him to straighten a bunch of wire hangers so I could find friends to duel with—the hangers made perfect épées!

I think words and rhythms got to me earlier, though; when I could first speak sentences, I often sang them. I mostly credit Ella Fitzgerald for her "A Tisket, A Tasket" for stimulating my vocal chords, but I'm sure a few Pepsi commercials or soap ad jingles had a role too. In later years, joining the newly forming Rock'n'Roll generation, I was in a vocal group that got to record some "sides" in Tin Pan Alley.

My earliest introduction to poetry was via the "macho" poets, Rudyard Kipling and Robert Service. They wrote rhymes and stories that appealed to my sense of adventure. Later, in college, I came upon the Beats, whose day had not yet passed. Kerouac not only opened my eyes to new vistas of prose, but to the Japanese haiku form that would soon capture my imagination. The manuscripts I entered in city-wide poetry contests were full of the five-seven-five form, and the first time I was published in a poetry magazine (*The New Mexico Quarterly*) it was a group of haiku about the seasons.

And then history intervened—and my writing career was on hold. Our country needed good men to advance the causes of justice and peace, so I co-organized one of the first chapters of SDS in a City college.

13

Students for a Democratic Society (SDS) brought the principles of the leftist movements of the earlier part of the twentieth century, and the essences of our national political heritage, into campuses across the land. I co-organized a group to rebuild bombed-out Freedom Schools down South.

These involvements saw my work evolve into polemic and pointed article writing. Later, I became a father, and then the paterfamilias of a large family. My poetry was put on indefinite hold. But families grow up and leave. So—after spinning my wheels for several years in the editorial field, and after a ten-year career of some note in the culinary field—I came crawling back to the muses of poetry. And here I am today.

This collection represents a good deal of what I've written over the past decade. For reasons of translation, I have not included selections from a large body of my work that are metered or rhymed—but I will be including them in upcoming publications. This Darklight book is my first major collection in print. Perhaps there will be others.

I am very proud of my lifelong association with the people of Mexico. I have learned much from them, and I have experienced welcome and cheer wherever I've traveled. And now—because of the toxic atmosphere generated by President Donald Trump—I know as I write this that I will be challenged in this endearing and precious affinity. But as always, I am ready and able against any tyranny that afflicts this hemisphere. Poetry will be one of my chief firearms.

Arthur Gatti
March 2017, New York City

Prefacio

Vi mis primeras luces en Astoria, Nueva York, nacido en una familia en las postrimerías de la Segunda Guerra Mundial con dos tíos en acción el extranjero —uno, el hermano menor de mi padre —, y mis dos hermanas mayores en las WAAC (Women's Army Auxiliary Corps o Cuerpo de Mujeres Auxiliares del Ejército). Escuchábamos las noticias de la guerra en la radio todos los días, así que mi idea de heroísmo fue nutrida desde muy niño. Y luego, gracias a mi inconstante escolaridad, llegó la fascinación por las palabras.

Recuerdo que regresaba de una matinée de cine y dibujos animados un sábado —el entretenimiento más glorioso que la década de 1940 podía ofrecer a un niño—, caminando sobre una nube y murmurando versos para mí mismo. Tenía escasos ocho años. Acababa de ver "Cyrano De Bergerac" protagonizada por el gran actor puertorriqueño José Ferrer. El personaje incendió mi imaginación: ¡Un poeta y un guerrero! Lo mejor de ambos mundos, o eso pensé entonces. Tan pronto llegué a casa, caminé a la vuelta de la esquina hacia la sastrería de mi padre y lo convencí de que enderezara un montón de ganchos de alambre para que yo pudiese encontrar amigos con quienes batirme en duelo—¡los ganchos hacían espadas perfectas!

No obstante, creo que las palabras y los ritmos me llegaron antes; pues cuando empecé a pronunciar mis primeras frases, a menudo las cantaba. En su mayor parte, doy crédito a Ella Fitzgerald y a su "A Tisket, A Tasket" por estimular mis cuerdas vocales, pero estoy seguro que las canciones de algunos comerciales de Pepsi y de jabones tuvieron también su importancia. En años posteriores, integrándome a la recién formada generación del Rock'n'Roll, estuve en un grupo vocal que consiguió grabar algunos "lados" en Tin Pan Alley.

Mi introducción temprana a la poesía fue a través de los poetas "machos" Rudyard Kipling y Robert Service. Ellos escribían versos e historias que apelaban a mi sentido de la aventura. Más tarde, en la universidad, descubrí a los Beats, cuyo momento aún no había pasado. Kerouac no sólo me abrió los ojos a nuevas perspectivas de la prosa, sino a la forma del haikú japonés, que pronto cautivaría mi imaginación. Los manuscritos con los que participé en los concursos de poesía de la Universidad de Nueva York estaban llenos del formato cinco-siete-cinco y la primera vez que fui publicado en una revista de poesía (*The New Mexico Quarterly*) fue con una serie de haikús acerca de las estaciones.

Después la historia intervino —y mi carrera de escritor quedó en suspenso. Nuestro país necesitaba hombres dispuestos a promover las causas de la justicia y la paz, así que co-organicé uno de los primeros capítulos de la SDS (Students for a Democratic Society o Estudiantes por una Sociedad Democrática) en una universidad.

La SDS llevó los principios de los movimientos izquierdistas de principios del siglo veinte y la esencia de nuestra herencia política nacional a los campus de todo el país. Co-organicé un grupo para reconstruir las Freedom Schools (Escuelas de la Libertad) que habían sido vandalizadas en el Sur de los Estados Unidos.

Estas actividades hicieron evolucionar mi trabajo hacia la escritura de artículos de opinión crítica. Más tarde, me convertí en padre, y luego en paterfamilias de una prole numerosa. Mi poesía quedó en espera indefinida. Pero las familias crecen y se van. Después de varios años en el campo editorial, y luego de una carrera de diez años de cierta importancia en el ámbito culinario, volví a la poesía. Y aquí estoy ahora.

La presente colección de poemas representa una buena parte de lo que he escrito durante la última década. Por razones de traducción, no he incluido una gran parte de mi obra que está en versos medidos o rimados; pero la pienso incluir en siguientes publicaciones. Este libro de la editorial Darklight reúne mi primera colección importante de poesía en formato impreso. Tal vez después habrá otros.

Estoy muy orgulloso de mi asociación de toda la vida con el pueblo de México. He aprendido mucho de su gente, y he experimentado la bienvenida y la alegría siempre que he viajado ahí. Ahora, quizás por la atmósfera tóxica generada por el presidente Donald Trump —lo sé mientras lo escribo—, seré desafiado debido a esa entrañable y preciosa afinidad. Pero como siempre, estoy alerta y en contra de cualquier tiranía que aflija a este hemisferio. La poesía será una de mis principales armas de fuego.

Arthur Gatti
Ciudad de Nueva York, marzo de 2017

SONGS OF MUTE EAGLES
CANTO DE ÁGUILAS MUDAS

Arthur Gatti

LIKE SANDBERG'S FOG

The smooth gray cat walks in shadows
then passes into light
padding its way
from invisibility to invisibility

The memory of you
swims in the glow of its golden eyes

embers soon to grow dark
in the sleeping softness of purring

Soft fall its eyelids
softer its breath
and before I know it
you are dressed and out the door

AL IGUAL QUE LA NIEBLA DE SANDBERG

El gato gris terciopelo camina en las sombras
luego pasa a la luz
en callado tránsito
de invisibilidad a invisibilidad

El recuerdo de ti
nada en el brillo de sus ojos dorados

brasas que pronto obscurecen
en la suavidad adormecida del ronroneo

Caen suavemente sus párpados
más suave aún cae su respiración
y antes de darme cuenta
estás vestida y afuera en la puerta

GATHER 'ROUND, CHILDREN

I'm told that I have waited
long enough
That I need to have something to show for it

So I have to start putting my kids in gangs
This is a problem
There are so many of them that there'll be many, many gangs

And then there's deciding who gets along with whom
thematically
and if there are too many of the same type

The de rigueur of parenting verbal ejaculations
forced on the ether like rape
a stormy multitude, each sperm become a cloud

hovering and waiting for me
to conscript them for battle with
abstract enemies like fame

I'm warned that just so many of them
can be gathered in one place
and that their composite weight has a limit as well

I have let some of them become gross
I admit it. Never a great parent
Locked a few up for years. Forgotten their thousand names…

VENGAN ACÁ, MUCHACHOS

Me han dicho que he esperado
demasiado
Que necesito tener algo qué mostrar

Así que debo empezar a poner a mis hijos en pandillas
Es un problema
Pues hay tantos que habrá muchas, muchas pandillas

Y luego está el decidir quién va con quién
temáticamente
y si hay demasiados de la misma clase

Es lo habitual cuando uno procrea eyaculaciones verbales
forzando al éter como en una violación
una multitud tormentosa, cada espermatozoide se vuelve
                                                               una nube

que ronda y espera que yo
la reclute para batallar con
enemigos abstractos como la fama

Estoy advertido que sólo unos cuantos
pueden juntarse en un solo lugar
y que su peso conjunto tiene un límite, también

he dejado que varios de ellos engorden,
lo admito. Nunca fui un buen padre
Encerré a unos cuantos por años. Olvidé sus mil nombres…

They know this matter presses on me
and regard me with scowls as they gather under the
drizzly aegis of a gang I must name:
Songs of Mute Eagles

…whether they like it or not
whether or not they feel comfortable with such a name
on the gang jacket

"Leaves of Grass" is taken! I tell them
And still
they scowl….Kids!

Ellos saben que este asunto me presiona
y fruncen el ceño cuando los reúno bajo el
manto mojado de una banda que debo nombrar:
Canto de águilas mudas

…ya sea que les guste o no
se sientan cómodos o no con ese nombre
escrito en la chaqueta de la banda

¡"Hojas de hierba" ya está usado! Les digo
Y todavía
fruncen el ceño…¡Muchachos!

HOUND

The hound
too old
and tired from his chase
snorts finally
stops on
wobbly knees
misty-eyed

half a bark
half a howl
...throws his nose up
locating the warmth
 of the hearth

Plodding the green way back
he is weary
   his smile imperceptible

confident of
the puzzled hare
   that hops furtively
              behind

SABUESO

El sabueso
demasiado viejo
y cansado de la cacería
finalmente resopla
se para sobre las
rodillas temblorosas
con la vista nublada

medio ladra
medio aúlla
…levanta su nariz
ubicando la calidez
   del hogar

Camina lento de regreso por el camino verde
está fastidiado
    su sonrisa es imperceptible

pues sabe que
la atolondrada liebre
     salta furtivamente
                 por detrás

Arthur Gatti

RED SONG

The wail of some jazz man's horn
reaches over the twilight
weaving through brittle branches—
dead apple trees of my blood's yearnings—
to me
in this cold and dying ember
fireplace room where
my face suddenly glows hotly
thinking of you

CANCIÓN ROJA

El lamento del corno de un jazzista
se levanta sobre el crepúsculo
entretejiéndose en las ramas quebradizas—
muertos manzanos de los anhelos de mi sangre—
hacia mí
en esta fría y moribunda brasa
del cuarto con chimenea donde
mi rostro de pronto brilla intensamente
al pensar en ti

***Now just white ash for
fluttering too near the flame—
poor foolish young moth!***

*Ahora sólo ceniza blanca por
volar tan cerca de la flama—
¡Pobre y tonta polilla joven!*

Alethea Maguire-Cruz

RELUCTANT SHORELINES

He is a child of irregular tides
rivered in the mud of stagnant generations
haunted flotsam of homesick immigrants on a gamble
their countryside constructs never realized
are just memories on his receding shores

He has yard-sale sold the American Dream
because, because, because
because fallow lie barren expectations of waiting arms
and picket-fenced mythologies
scenarios of primitive art
awkward crayon-painted flowers
dusty murals
hung on walls to hide the cracks
that let the moon come coldly in

He never knows
upon which cradled horn
the bastard sun will set each day
or where his life will flow

Empty rowboats that
bolt their moorings on
darkly turbulent afternoons
feel the weight of him

ORILLAS RENUENTES

Él es hijo de mareas irregulares
hundidas en el barro de generaciones estancadas
el pecio encantado de inmigrantes nostálgicos en una apuesta
sus esperanzas ciudadanas jamás concretadas
son sólo recuerdos de sus costas que se desvanecen

Él ha vendido el Sueño Americano en el garage
porque, porque, porque
porque en el barbecho yacen las expectativas infructuosas
                               de brazos esperando
y mitologías con cercas de estacas
visiones de arte primitivo
flores torpemente pintadas con crayones
murales polvorientos
colgando en las paredes para ocultar las grietas
que dejan entrar fríamente a la luna

Él nunca sabe
sobre qué cuerno de esa cuna
el sol bastardo se pondrá cada día
o hacia donde fluirá su vida

Vacíos botes de remos que
sueltan sus amarras en
tardes obscuramente turbulentas
sienten el peso de él

Arthur Gatti

THE EMPTY PARADE

It was a barren and suffocating afternoon in Astoria August
before the streets ran with Boomers
We were a straggler army of war-born kids
and there were precious few of us rambling
the back alleys of the world
seeking other boys for play and dusty diversions

But they were there, the few of them
and they had more play in them than I bargained for

We were to be… *a silent, four-man marching band*
(as any fantasy would do)
and *I* would lead—marching at the front!

Lined up behind me, the silent drum
and the silent flute and the silent…other instrument
I didn't care what it was
I was the leader, strutting my stuff in a
heavenly lineup of angels and savior soldiers
waving a twig baton
happy as the buzzing beetle
floating aloft, above the dirt alley

EL DESFILE VACÍO

Era una tarde estéril y sofocante en el agosto de Astoria
antes de que por las calles deambularan los Boomers
Éramos un ejército rezagado de niños nacidos en la guerra
y habíamos unos cuantos de nosotros—muy apreciados—
                                                      recorriendo
los callejones traseros del mundo
buscando a otros chicos para nuestros juegos y distracciones
                                                      polvorientas

Pero allí estaban, esos pocos
y había más juego en ellos de lo que yo esperaba

Nosotros íbamos a ser... *una banda silenciosa de cuatro*
                                                          hombres
(Como en cualquier fantasía que se respete)
¡Y *Yo* la encabezaría marchando al frente!

Alineados detrás de mí, el tambor silencioso
y la flauta silenciosa y el silencioso…cualquier otro
                                                         instrumento
no me importaba cuál fuese
Yo era el líder, presumiendo mi atributo en esa
alineación celestial de ángeles y soldados salvadores
agitando una vara como bastón
feliz como el zumbido del escarabajo
flotando en lo alto, por arriba del sucio callejón

And when I had gone a hundred feet
a need to see and relish the scene
turned my head on my scrawny seven-year-old neck
to see…nothing
No one was there
Snickering faded into bushy backyards with rickety fences

I was alone

Friends were hard to come by in those days

Friends are hard to keep around these days
I look behind me and see fewer and fewer every year

Ahh, why do I keep turning my head
on this scrawny neck to look?!
Just keep waving the twig and marching, War Baby
just keep keeping on

Y cuando había marchado unos cien pies
la necesidad de ver y saborear la escena
me hizo girar la cabeza sobre mi cuello flaco de siete años
para mirar...nada
Ninguno seguía ahí
Sigilosamente desvanecidos entre los descuidados patios
                    traseros de cercas desvencijadas
Estaba solo

Era difícil conseguir amigos en aquellos días

Es difícil conservar a los amigos por estos días
Miro detrás de mí y veo menos y menos cada año

Ah, ¡¿Por qué aún giro la cabeza
sobre este cuello flaco para observar?!
Tú sólo mueve la vara y sigue marchando, Niño de la Guerra
sigue marchando

Arthur Gatti

DINNER

The gray Atlantic sole
that joined the others in the broad net
had no idea
in its final quivering moments
that I awaited
with bread crumbs and spices
and hot ghee for him to sizzle in

The kale that once crinkled in the sunlight
is stranger to the potatoes and onions
and the handful of dill seed
that bathe with it in the broth

Sole and butter and bread crumbs
onions, potatoes and kale
strangers no more
in my satisfied maw

CENA

El lenguado gris del Atlántico
que se unió a otros en la amplia red
no tuvo idea
en sus trémulos momentos finales
que yo aguardaba
con migas de pan y especias
y mantequilla caliente para freírlo

La col rizada que alguna vez crujió con la luz del sol
es ajena a las papas y a las cebollas
y al puñado de semillas de eneldo
que se bañan con ella en el caldo

El lenguado y la mantequilla y las migas de pan
las cebollas, las papas y la col rizada
ya nunca serán extraños
en mis entrañas satisfechas

TASTE BUDS

The hot room with its high, doily-covered dressers
their mute, framed faces staring down at me
Men in priestly robes, solemn black cassocks
showing me where my gene pool ended
in that small corner of the Old World…scattered sterile seeds
lost in cavernous dark seminaries

An ice box in the corner
drip pan beneath
sparse provisions within
All the rest victims of the hot room with
its thick drawn drapery

Hard cheeses, sour auras redolent when you're near
wrapped in cheesecloth, aging in the open air
flagons of wine
and a viscous green oil that would take years
for my American palate to love

My grandparents muttering
in their strange and fluid tongue
urging me to *mangia*
I was too thin–*"Fagiole!"*

PALADARES

La habitación caliente con sus altas cómodas, cubiertas
                              de carpetas
los rostros mudos, angulosos, mirándome fijamente
Hombres de túnicas sacerdotales, solemnes sotanas negras
mostrándome dónde terminó mi grupo genético
en ese pequeño rincón del Viejo Mundo...semillas estériles
                              dispersas
perdidas en seminarios oscuros cavernosos

Una nevera en la esquina
con su charola de goteo por debajo
y con escasas provisiones adentro
Todo lo demás víctima del cuarto caliente con
su grueso mantel drapeado

Quesos duros, que emanan hedores amargos si te acercas
envueltos en gasa, añejándose al aire libre
botellas de vino
y un aceite verde viscoso que tomaría años
para que mi paladar americano lo aceptase

Mis abuelos murmurando
en su extraña y fluida lengua
instándome a la *mangia*
Yo estaba demasiado flaco —*"¡Fagiole!"*

The salad of crisp green
cool, ignoring the August day
greens and orange slices
My little face cries silently at the first taste
Why did they douse it like that?
I *liked* olives–if they were pitted
and dyed black, and swimming in a can
under murky, salty water
But this green oil my nana doused the salad with
was from no olive I knew
And with the black pepper too!
The oranges were spoiled for me

Bitter and sweet, bitter and sweet

Why did the old people mix bitter with life's joys?
I would not *mangia*
me, with taste buds
not yet born into the flavors of my people

La ensalada verde crujiente
fresca, ignorando el día de agosto
verduras y rodajas de naranja
Mi pequeña cara llora en silencio con la primera probada
¿Por qué la aderezaron así?
Me *gustarían* las aceitunas—si estuvieran deshuesadas
y teñidas de negro, nadando bajo agua salada turbia
y adentro de una lata
Pero ese aceite verde con el que mi nana aderezó la ensalada
no era de aceituna alguna que yo conociera
¡Lo mismo esa pimienta negra!
Para mí, las naranjas estaban pasadas

Amargo y dulce, amargo y dulce

¿Por qué los ancianos mezclaron lo amargo con las alegrías
                                                                              de la vida?
Yo no hubiese *mangia*
yo, con el paladar
todavía sin emerger a los sabores de mi pueblo

Arthur Gatti

PROPRIETARY BLUES

What do we do, confronted by such a pit
—such finality?
Try to fill it?
With what?
Things the lawyers never thought of?
Kitchen things that gape at us, their tongues cut out?
Lists demanding Friskies, butter,
milk, potato chips
and tea
and Brillo?
How profound can you get?!

What of beauty?
What of tenderness?
Detergent boxes?
Utensils hanging?
Old porcelain, a yellow telephone—ratty drapes?

What?

Perhaps the cat rubbing against my leg?
Perhaps.

BLUES DE LA REPARTICIÓN

¿Qué hacemos, confrontados por semejante vacío,
— ante éste mal desenlace?
¿Tratar de llenarlo?
¿Con qué?
¿Con cosas en las que nunca pensaron los abogados?
¿Cosas de la cocina que nos miran boquiabiertas, con sus
                                                                         lenguas cortadas?
¿Listados que nos exigen *Friskies*, mantequilla,
leche, papas fritas
y té
y *Brillo*?
¡¿Hasta dónde quieres llegar?!

¿Qué hay de la belleza?
¿Qué de la ternura?
¿Cajas de detergente?
¿Utensilios colgando?
¿Porcelana vieja, un teléfono amarillo—cortinas andrajosas?

¿Qué?

¿Quizás el gato que se frota contra mi pierna?
Quizás.

Arthur Gatti

MANHATTAN

City of deep personal enclaves
rabbit warrens to avoid
the ever-present sheep pens

Stay deep
and be ever watchful
The soul is called out of hiding
only for special occasions

Here I am
I will walk the streets as though invulnerable, and
I will bless the pavement with each step
I who seek the cosmic stream to dip my toes in
shod in the lead of flesh
but light on my feet

Come along and fly over
the sparse treetops
on my gravity-defying song
Sing harmony
and seek with me The Great Chord!

(Disregard that car alarm)

MANHATTAN

Ciudad de profundos enclaves personales
madrigueras de conejos para evitar
los omnipresentes rediles de ovejas

Quédate absorto
y siempre alerta
El alma sale de su refugio
sólo en ocasiones especiales

Aquí estoy
Caminaré por las calles como si fuese invulnerable, y
bendeciré las aceras a cada paso
Yo que busco la corriente cósmica para meter los dedos
de mis pies
calzados en el plomo de la carne
pero con ligereza en mis plantas

Ven y vuela sobre
las dispersas copas de los árboles
con mi canción que desafía la gravedad
¡Canta la armonía
y busca conmigo El Gran Acorde!

(Ignora la alarma de aquel auto)

Arthur Gatti

NIGHT PIGEON

In the dark
against a city night wall
two pigeons—one a soft gray dove—
crouch apart
shrugging off the cold as best they can
One can only look down
The other catches the eyes of late-night walkers
with the crazed glint in his own

Their feathers bulked against the frigid dark
they huddle in the midnight shadows
of bottomless wells
mindless of one another

For the smaller of the two there is no dream of life or death
only anticipation of distant morning sunlight

For the other, each moment is all there is
He grins white teeth through murky gloom
Wrapped in layers as though this were the Klondike
and not Greenwich Village, New York

He shivers his wings—
vast Hefty Bags
big glittery kaleidoscopes of color and sticky stuff
and chattering aluminum cans

PICHÓN NOCTURNO

En la oscuridad
contra una pared de la noche citadina
Dos pichones—uno es una paloma gris suave—,
se apartan
protegiéndose del frío lo mejor que pueden
Uno sólo puede mirar hacia abajo
El otro atrapa la mirada de los caminantes nocturnos
con el brillo enloquecido de la suya

Sus plumas henchidas contra la frígida oscuridad
se acurrucan en las sombras de la medianoche
de pozos sin fondo
sin pensar en el otro

Para el más pequeño de los dos no hay un sueño de vida o
                                                                            muerte
sólo anticipa el distante sol de la mañana

Para el otro, cada momento es todo lo que hay
Muestra los blancos dientes a través de la tenebrosa
                                                                        obscuridad
Envuelto en capas como si esto fuera el Klondike
y no Greenwich Village, Nueva York

Estremece sus alas—
enormes bolsas Hefty
como grandes caleidoscopios de colores brillantes y cosas
                                                                         pegajosas
y ruidosas latas de aluminio

Great pontoons that could float him dryly
on warmer Hudson River days
But he is happy here for now
wrapped in Salvation Army and carefully selected rags and
shards…

until something about the night moves him wildly
and he shakes the black bags like giant noisy bat wings
lifts into the midnight sky
and rises, laughing madly
as he obliterates the moon

The dove pays him no mind

Grandes pontones que podrían sacarlo a flote, seco
en días más cálidos del río Hudson
Pero él es feliz aquí por ahora
envuelto en ropa del Ejército de Salvación y con trapos
        cuidadosamente seleccionados y desperdicios...

hasta que algún motivo nocturno lo aborda salvajemente
y sacude las bolsas negras como gigantescas ruidosas alas
                                     de murciélago
las eleva al cielo de la medianoche
y se alza, riendo locamente
mientras eclipsa a la luna

La paloma no le presta atención

There! In the dead leaves
one slowly stirs and flutters!
...moth awakening

¡Allí! ¡Entre las hojas muertas
una se agita lentamente y revolotea!
...polilla que despierta

Laurie Anderson

SPEAK TO ME NOT OF YOUR PHILOSOPHIES

They are only Holy Possibilities
tossed on floods of sunlight
intertwined with reason
and raisins and blues harps
and breathing their last breaths

All the redacted notions of man
their disowned sons wrestling nightly with unseen stones of
                                                                sleep and sweat
in terminals of dawn brightness too glaring to see all at once…
In cities of yellow, curbs of dun, transport drivers haul day-old
                                                                                       corpses

Now is the time to close those books! Close those books!

Still they stiffen, grow old
while the dog of the heavens finds his fool and
dances with him into a black hole

and rivers undo all past definitions
with orgiastic ancient rites
in the delirious heat of August

Insistent, with feeble intent, they
crumb-feed the mythic Roc
as it tilts in waves just inches from
their doomed shores

NO ME HABLES DE TUS FILOSOFÍAS

Sólo son Posibilidades Sagradas
arrojadas sobre los rayos de la luz del sol
entrelazadas con la razón
y frutos secos y armónicas de blues
que respiran sus últimos alientos

Todas las nociones redactadas del hombre
sus hijos repudiados luchando cada noche con piedras
                              invisibles de sueño y sudor
en terminales del brillo de amaneceres demasiado
                        deslumbrantes para verlos todos de una vez...
En las ciudades amarillas, de bordes pardos, los
              conductores de autobuses acarrean cadáveres frescos

¡Ahora es el momento de cerrar esos libros! ¡Cierra esos
                                                       libros!

Aún se ponen rígidos, envejecen
mientras que el perro de los cielos encuentra a su tonto y
baila con él en un agujero negro

y los ríos deshacen todas las definiciones del pasado
con antiguos ritos orgiásticos
en el delirante calor de agosto

Insistentes, con débiles intentos,
alimentan con migas al mítico Roc
que arremete en ondas a pocos centímetros de
sus condenadas orillas

Cease celebrating tiger traps of thought!
We drown what we cannot see
in floating orchards of need
pulsing our smart cars in exploding garages
where old lovers wait to see if they will be recognized

Awaken!
Let the light ignite your lips
with words unheard before
Brown-fingered with shelled nuts
lift the Moon to your dried out tongue

The inverted mountain's chin is
long with snake fingers scratched
assenting in closets of bone
where their doppelgängers wait like Hallowe'en

They know the terror of themselves
and will not linger in shadows long

So we must tear up pages of sages
and light our pipes of forgetfulness
with their feeble flames

Warn the stars with secret whispers
and disinter our fathers' bones
to marimba a dirge only a father could love

Love like toxic simplicity
Love that sits and wonders

¡Deja de festejar las trampas de tigre del pensamiento!
Ahogamos lo que no podemos ver
en huertos flotantes de necesidad
palpitan nuestros autos inteligentes dentro de garajes que
                                                            estallan
donde los viejos amantes esperan para ver si serán
                                                            reconocidos

¡Despierten!
Que la luz incendie sus labios
con palabras nunca antes escuchadas
Que dedos morenos con nueces peladas
lleven la Luna hasta su lengua desecada

La barba de la montaña invertida es
larga con dedos de serpiente rayados
que afirman en armarios de hueso
donde sus *doppelgängers* esperan como en Hallowe'en

Conocen el terror de sí mismos
y no se demorarán en las sombras largas

Por eso debemos rasgar las páginas de los sabios
y encender nuestras pipas de olvido
con sus débiles flamas

Advertir a las estrellas con susurros secretos
y desenterrar los huesos de nuestros padres
para marimbear una elegía que sólo un padre podría amar

El amor como una simpleza tóxica
El amor que se posa y se maravilla

Arthur Gatti

The alchemy of hope sweats on our brows; but

those who think they want it
have fatally Bibled it
and they cannot call up miracles any more

watching them evaporate slowly

Bookshelves
house families of perverse elves
sleeping there until the Second Coming

La alquimia de la esperanza suda en nuestras cejas; pero

aquellos que creen que la quieren
la han bibliado fatalmente
y no pueden solicitar milagros nunca más

mirándolos evaporarse lentamente

Libreros
alojan dinastías de elfos perversos
que duermen allí hasta la Segunda Venida

CLOWNY THE GOOF

I was Clowny the Goof to make her laugh
Her smile reminded me of some pet shop window wish
of long ago, and it cuddled me
Her fuzzy perfume
fluttered witty things from my heart-swollen throat
...everything clever

I was never serious with her
for when she cuddled and fluttered me with
that wide-eyed laugh of hers
she made the Goof a coward

But now the show is over
all my circus tents are folded
My forced good humor
her amazing laugh
all of a summer world that's gone

This dark bus takes me from her, dead
at midnight's death
Cold, determined wheels whir
the invisible highway
Sleeping passengers drool their condolences
slumping to take me by the elbow
seeming to mouth in large, gaping syllables
"Gentle. Gentle now."

CLOWNY EL BOBO

Yo era Clowny el Bobo para hacerla reír
Su sonrisa evocaba mis ilusiones de antaño ante una
                                    tienda de mascotas,
y eso me abrazaba
Su perfume indefinido
hacía brotar cosas ingeniosas de mi ardorosa garganta
…todas inteligentes

Ella nunca me tomó en serio
porque cuando me abrazaba y me emocionaba con
su risa de ojos grandes
ella convertía al Bobo en un cobarde

Pero ahora terminó el espectáculo
todas las carpas de mi circo están dobladas
Mi buen humor forzado
su risa asombrosa
todo un mundo de verano se ha ido

Este oscuro autobús me aparta de ella, muerta
en la muerte de la medianoche
Frías, las ruedas zumban con determinación
sobre la carretera invisible
Los pasajeros durmientes babean sus condolencias,
inclinándose hasta tomarme por el codo
como queriendo balbucear largas, boquiabiertas sílabas
"Suave. Suave ahora".

Arthur Gatti

Wasted concern
for tears won't escape this pallid grease.

This speeding Greyhound—
tires keyed to my dirge—
streaks the night lights of the city across my window
where they're cooled through a
sterile blue-tinted glass that
stirs my memory dryly:

She never called my game
Never gave me the word
And I can't think of one funny thing to say

Preocupación inútil
porque las lágrimas no saldrán de este rostro maquillado

Este Greyhound veloz—
sus llantas en consonancia a mi canto fúnebre—
raya las luces nocturnas de la ciudad en mi ventana
enfriadas a través de un
estéril vidrio azulado que
atiza mi memoria sin piedad:

Ella nunca cayó en mi juego
Nunca me dio la palabra
Y no se me ocurre nada gracioso qué decir

SHADOWS

The High Line casts evening shadows
on Washington Street below
as it has for a hundred years

Once, bloody carcasses hung from hooks
where those shadows fall
No turquoise designer chairs to support them

Once, creatures bereft of skin and dignity and name
awaited their final purpose here

But the well-coiffed critters
being pampered here today
know well their worth
on an hour-to-hour basis

Once the skinless bovine bulk
left life stains
on the gravelly pavement
with no regrets

Now, a costly wine is spilt—
quel dommage!

SOMBRAS

El High Line proyecta sombras nocturnas
calle abajo sobre Washington Street
como lo ha hecho por cien años

Alguna vez, reses sangrantes colgaron de los ganchos
donde bajan esas sombras
y no había sillas de diseñador color turquesa para sentarlas

Alguna vez, seres despojados de piel y de dignidad y de
                                                                      nombre
aguardaron aquí su destino final

Pero las criaturas acicaladas
que hoy son mimadas aquí
saben bien lo que valen
a partir de su costo por hora

Alguna vez la masa bovina descarnada
dejó manchas de vida
sin quejas
sobre el piso de grava

Ahora, un costoso vino es derramado—
quel dommage!

*In a cloudless sky
all at once the sun went out!
No...a soaring kite*

*¡En un cielo sin nubes
de pronto el sol se marchó!
No...una cometa en lo alto*

Alethea Maguire-Cruz

Arthur Gatti

LVB

He gazed at the gathering
of the glittering storm
in the clouded blanket of night

shook his fist against the thunder
enraged with a jealousy
only the deprived can feel

And as the clouds erupted
he stoked fury
against the diminishing
of the voices of the world
and of his
more and more silent
notations

LVB

Contempló el encuentro
de la tormenta resplandeciente
en el manto nublado de la noche

agitó su puño contra el trueno
poseído por unos celos
que sólo los desposeídos pueden sentir

Y cuando las nubes estallaron
se llenó de ira
por la disminución
de las voces del mundo
y la suya propia
en sus cada vez más silentes
notas

Arthur Gatti

IS THAT A HUM I HEAR?

In between giving a damn
and giving a damn
there's the daunting desert to race along
A mountain of care and concern sloughs its scree behind me
but I know the next one looms ahead
beyond the heat mirages

So I am coasting downhill
The world is on cruise control
I don't pick up hitchhikers

There's no music but the hum of movement
the vibration of liberation
It's in the engine, the tremble I feel
and that Prime Mover in me knows
that no missing smile can crack it
that there is no overheated fluid pumping through
destined to dry up
so that it cleaves in two

Songs of Mute Eagles

There's none of that
because now I'm cruising in neutral
and my pistons are cooling

I don't give a damn for what's behind me
But I'll give all I can give to what's ahead

...of course, until the whole thing breaks down again
as I'm reaching the summit

I'll overheat just to round the crest
and then—old agonies apparent—
I'll let the rest of it go to hell as
once again
I coast away from
deep down away from
giving a damn

Arthur Gatti

¿ESCUCHO UN ZUMBIDO?

Entre que me importa poco
y que me importa poco
se encuentra el desolado desierto por recorrer
Una montaña de cuidados y preocupaciones derrumba
sus escombros detrás de mí
pero sé que el próximo deslave se asoma
más allá de los espejismos del calor

Ruedo en punto muerto cuesta abajo
El mundo está en modo de crucero
y no doy aventones

No hay música, sólo el zumbido del movimiento
la vibración de la liberación
Está en el motor, en el temblor que siento,
y ese Primer Motor en mí sabe
que ninguna sonrisa ausente lo puede dañar
que no le circula fluido sobrecalentado
destinado a secarlo
hasta partirlo en dos

Songs of Mute Eagles

No hay nada de eso
porque ahora conduzco en neutral
enfriando mis pistones

Me importa poco lo que haya detrás de mí
Pero daré todo lo que pueda dar por lo que sigue

...claro, hasta que la cosa se descomponga otra vez
en cuanto llegue a la cima

Me sobrecalentaré justo al rodear la cumbre
y luego—viejas agonías aparentes—
dejaré que todo se vaya al carajo para
de nuevo
manejar lejos
recónditamente lejos
antes que algo me importe

Arthur Gatti

SMALL DAILY RATION OF SUNLIGHT

Eye-dulling mists are not really there
as ocular mirages melt the primary colors in my room

A prism of unseen radiance
shimmers in the reflection of backyard sunlight
coming off old factory windows
on rays that struggle to reach my dusty window panes
but fail
then tumble into shadows

In darkness, all my familiar tones are a pallet
inside a dark membrane
that pulsates
and tries to burst into some life force
that is just a shadowy midmorning dream
and can never be

If I shift things around
a new drama of possibilities
wants scripting
But I am not the playwright
only the stage manager
and I have no control over the sunlight

PEQUEÑA Y DIARIA RACIÓN DE LUZ

Las brumas que enturbian la vista no están realmente ahí
cuando los espejismos oculares derriten los colores
                              primarios en mi alcoba

Un prisma de inadvertido resplandor
brilla en el reflejo de la luz solar en el patio trasero
viene de las viejas ventanas de las fábricas
sobre rayos que luchan por llegar a mis marcos polvorientos
pero desfallecen
y luego caen entre las sombras

En la oscuridad, los tonos por mí conocidos son una paleta
dentro de una membrana oscura
que pulsa
y trata de estallar como una fuerza de vida
pero es apenas un sombreado sueño de media mañana
que jamás podrá ser

Si yo cambiara las cosas
un nuevo drama de posibilidades
requeriría de guión
Pero no soy el dramaturgo
sólo el director de escena
y no tengo control sobre la luz del sol

Arthur Gatti

THE OLD PLACE

I used to live there
under warm comforters
the proximity of body heat
never quite reassuring
Clouds were inescapable
looming

I used to live there
but the angry flood routed me
and I fled carrying only what I could bear
I didn't look back—couldn't look back
Too many edicts
Too much emotional bureaucracy to deal with

I wandered homeless and alone
always remembering the comfort that was there

Even when I knew that the flood waters
could rise at any moment
I slept easy back then, antediluvian

But now on dry land
there is no tide
no wonder about the way love floats
Nothing floating
Nothing inviting me to bathe
Now I'm told I can return home if I can secure passage

Songs of Mute Eagles

EL VIEJO LUGAR

Yo solía vivir allí
bajo edredones calientes
la proximidad del calor corporal
nunca me tranquilizó lo suficiente
Las nubes eran ineludibles
amenazadoras

Yo solía vivir allí
pero la furiosa inundación cambió mi rumbo
y huí llevando sólo lo que podía cargar
no miré hacia atrás—no podía mirar atrás
Demasiados edictos
Demasiada burocracia emocional para lidiar con ella

Vagué solo y sin hogar
recordando siempre la comodidad que hubo allí

Incluso cuando sabía que las aguas de la inundación
podrían elevarse en cualquier momento
yo dormía bien en aquel entonces, antediluviano

Ahora que estoy en tierra firme
sin marea
no es de extrañar el modo en que el amor flota
No hay nada que flote
Nada me invita a un baño
Ahora me dicen que puedo regresar a casa si tengo para el
pasaje

Arthur Gatti

But what of what's been washed away
—the mud and the collapsed parts?
I have a carpenter's mind
but a disaster this big
may never be livable again
I need to see the plans
in lieu of a feasibility survey
And do I need homeowner's insurance?
Someone tell me

Pero ¿qué hay de lo que las aguas se llevaron
—del lodo y las partes derrumbadas?
Tengo la mente de un carpintero
aunque un desastre así de grande
podría no ser habitable de nuevo
Necesito ver los planos
en lugar de un estudio de factibilidad
¿Y necesito un seguro de propietario?
Alguien dígamelo

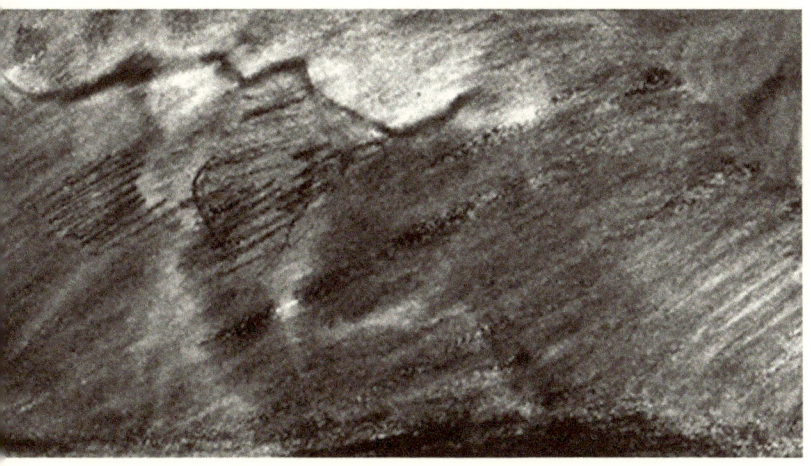

Alethea Maguire-Cruz

Lamp hung atop dark
green perennial sadness—
Moon in the willow

Un farol cuelga sobre la tristeza
obscura verde perenne—
Luna en el sauce

Antonio Carmelo Gatti

Arthur Gatti

WHITE WIDOWS

The men were gone
The mountain stones missed the weight of their feet
The fruit missed the sharpness of their teeth
Their sons forgot the smiles on their faces

They were long gone
The dawn missed their grumblings
The chamber pots their rumblings
The bedclothes lost their smell

They were too long gone, these men of the town
borne across vast waters unimagined
on questionable odysseys, with disreputable bosses
on jobs with high mortality rates
Job, the boss of their lives
Job, the seductress unknown by the women left behind.
Job the implacable

The women wait on mountain overlooks
or under lonely sheets—wait for what will never be again

Humble dwellings will be overhauled brutally, packed
into the holds of dark and suffocating passage
to become the soiled bricks of distant tenements
—where they will all be gone from the mountains
forever

VIUDAS BLANCAS

Los hombres desaparecieron
Las piedras de la montaña echaron de menos el peso de
                                                                         sus pies
Los frutos extrañaron el filo de sus dientes
Sus hijos olvidaron las sonrisas en sus rostros

Se fueron tanto tiempo que
El amanecer echó de menos sus quejas
Las macetas de sus aposentos sus regaños
Las cobijas perdieron el olor a ellos

Se fueron demasiado lejos, estos hombres pueblerinos
cruzaron inmensas aguas inimaginables
hacia odiseas dudosas, con jefes de mala reputación
en trabajos con altas tasas de mortalidad
Trabajo, el señor de sus vidas
Trabajo, la seductora desconocida por las mujeres dejadas atrás
Trabajo el implacable

Las mujeres aguardan en los miradores de las montañas
o bajo sábanas solitarias—esperan algo que nunca volverá a ser

Las humildes viviendas serán desmontadas brutalmente,
                                                                         empacadas
en las bodegas oscuras y sofocantes de un navío
para convertirlas en los ladrillos terrosos de lejanas viviendas
—donde todos se apartarán de las montañas
para siempre

Arthur Gatti

The bereaved, though reunited, sing dirges of remembrance
—women leaning out windows
pinning meager wages to drooping clotheslines
that are too short to reach back
to where their widows' whites gleamed once
under a different sun

Los desamparados, no obstante reunidos, cantan elegías
                              de remembranza
—las mujeres se asoman a las ventanas
fijando magros salarios a los tendederos
que son demasiado cortos para llegar de nuevo
hasta donde su blancura de viudas brilló alguna vez
bajo un sol distinto

***One of our climbers
is missing. We call and call
How silent the birds***

*Uno de nuestros alpinistas
se extravió. Llamamos y llamamos
Qué pájaros tan callados*

Paul Oratofsky

Arthur Gatti

APRIL, 1963

Galaxies of ringlets
splash
on cemented earth morning

Doomed earthworm
tries in vain to inch across
the drenched concrete barrenness
from a place where it would —
could it but traverse the walkway —
surely drown and die anyway
leaving a small
but not insignificant
space
in life's void

Chisp, chisp—sploop
Drops' bubbles form and break
shattering the silent mourning
for all the nameless odors
of smells arising
from boot-mashed worm carnage
on harsh pebble world below

ABRIL DE 1963

Galaxias de rizos
chapotean
en la tierra cementada de la mañana

Una lombriz condenada
intenta en vano cruzar poco a poco
la esterilidad del concreto empapado
desde un lugar donde lo haría —
podría, pero al atravesar el camino —
seguramente se ahogará y morirá de cualquier forma
dejando un pequeño
aunque no insignificante
espacio
en el vacío de la vida

Chisp, chisp—sploop
Las esferas de las gotas se forman y se rompen
quebrando el luto silencioso
por todos los hedores indecibles
los olores que emanan
de la carnicería de gusanos pisoteados
sobre los ásperos guijarros del mundo inferior

***In the melting snow**
silent war on the hilltops—
green sprouts are poking*

*En la nieve que se derrite
guerra sorda en las crestas—
brotes verdes asoman*

Laurie Anderson

Arthur Gatti

HER

I went to the movies with her
to see *Her*
and we spoke of *Her* when it ended
Yet I never told her
that I'd thought of her all week
and re-imagined my hovel to be
a summer palace for her

But I could not let her in that night
after seeing *Her*
because I didn't want her
to see how I was living
without her

ELLA

Fui al cine con ella
a ver *Ella*
y hablamos de *Ella* cuando terminó
Sin embargo, nunca le dije
que pensaría en ella toda la semana
y transformaría mi cuchitril hasta convertirlo
en un palacio de verano para ella

Pero no podía dejarla entrar esa noche
después de ver *Ella*
porque no quería
que ella viese cómo vivía yo
sin ella

NIGHT

Night
tranquil and easy
as the wink of a cat

the soft brush of it on my face

Warm and content
I lounge in grass, stretch
against the moon and midnight
and breathe in
the softer breath
of night-soaked soil

I will stay here as long as
stillness lies beside me

When she goes
I will rise to pad softly
through dark places

NOCHE

Noche
tranquila y amable
como el parpadeo de un gato

el frote suave de ésta en mi cara

Cálido y satisfecho
descanso en el césped, estirándome
contra la luna y la medianoche
y respiro
el aliento más suave
de la tierra empapada en nocturnidad

Me quedaré aquí en tanto
la quietud yazga a mi lado

Cuando ella se vaya
me levantaré a caminar suavemente
por lugares oscuros

Arthur Gatti

OCTOBER SLEEPLESS NIGHTMARE

Hermes skateboards up and down my aorta
will not let me sleep
rumbling inside me with explosive delusions

seeing her
with an unknown him
dining quietly
maybe Platonic-romantic
and in no one's arms

A maddening imagined counterpoint
to our nocturnal roiling
—the elastic-wet sheets
of tangles and limbs
of grunts and cries

No—just candlelight
for them

both
off in a corner
where I would storm up to
and throw my share
of last weekend's motel bill
on their dark little table

PESADILLA INSOMNE DE OCTUBRE

Hermes sube y baja en patineta por mi aorta
no me dejará dormir
retumbando dentro de mí con delirios explosivos

viéndola a ella
con un desconocido
cenar tranquilamente
quizás de manera platónica-romántica
y en los brazos de nadie

Un enloquecedor contrapunto imaginario
a nuestra agitación nocturna
—las sábanas húmedas elásticas
de enredos y extremidades
de gruñidos y gritos

No—sólo la luz de las velas
para ellos

ambos
en una esquina
donde yo armaría un escándalo
y aventaría mi parte
de la cuenta del motel del pasado fin de semana
sobre su pequeña y oscura mesa

Arthur Gatti

GREEN MAN

I am a green man
a pagan
a no man
I dwell in forests older than time
a hermetic hermit ducking stampeding herds
of enlightenment

I lurk off the sides of deep berms
and observe the neat patterns
of houses strung along roads of community
and sanity—and revel in wandering aimlessly
following a spiraling path, because there are no others

I collide with women
who cross my incomplete thoroughfare
and I am civilized

for just a moment

just long enough to show them how men
with green leaves growing out of their every orifice
do not sit quietly
in porch pots or window gardens

EL HOMBRE VERDE

Soy un hombre verde
un pagano
un no hombre
Resido en bosques más antiguos que el tiempo
un ermitaño hermético que esquiva las desbocadas manadas
de la ilustración

Acecho en las orillas de profundas acequias
y observo los patrones ordenados
de las hileras de casas en los caminos de la comunidad
y la cordura—y me deleito en vagar sin rumbo
siguiendo un sendero espiral, porque no hay otros

Lidio con mujeres
que cruzan mis imperfectas vías
y soy civilizado

sólo por un momento

lo suficiente para mostrarles cómo los hombres
con hojas verdes creciéndoles por cada orificio
no se quedan tranquilamente sentados
en las macetas de los pórticos o en las jardineras de las ventanas

STRESSED

Stravinsky's fever
in Stokowski's baton
splayed *uomo universale*

I am heartbeat
thrumming across megahertz ripples
Give me my rebate check
lazy mailman–
you who back-pocket my smallest hopes
Let me see some identification

I stack the soup cans and they count
the tediousness of my days

Your envelope lays unopened
on my sleeping lap

I am lint in worn-out clothing
smelling a small photo of you
in a hip's overstuffed wallet

ESTRESADO

La fiebre de Stravinsky
en la batuta de Stokowski
desplegaba *uomo universale*

Soy latido del corazón
que pulsa a través de ondas megahertz
Dame mi cheque de reembolso
cartero perezoso—
tú que sacas de mi bolsillo trasero mis más pequeñas esperanzas
Déjame ver alguna identificación

Apilo las latas de sopa y ellas cuentan
el tedio de mis días

Tu sobre permanece sin abrir
sobre mi regazo dormido

Soy hebra de ropa vieja
olfateando una pequeña foto tuya
en una cartera abultada

Arthur Gatti

EASTER SUNDAY REDUX

> *Canticle:*
> *Once there was a Holy Land*
> *bathed in a golden light only*
> *the pure of heart could see*
> *Every sort of believer believed there*
> *on knees that welcomed*
> *the penitential pavements*
> *worshipped there as bursting fruit*
> *grew on proud vines*
>
> *But soon the light bath became*
> *a blood bath*
> *again*
> *And God turned his back*

Jesus rose today and
the rumbling of the crypt stone
set off a motion detector
and an armored jeep pulled up

Jesus rose today
and radiated his golden glow and
was bum-rushed
into a decontamination unit

Jesus rose today but
wasn't strong enough
to drive the temple
from the moneychangers

RECREACIÓN DEL DOMINGO DE PASCUA

Himno:
Hubo una vez una Tierra Santa
bañada en una luz dorada que sólo
los puros de corazón podían ver
Todo tipo de creyente creía allí
sobre rodillas que agradecían
los pavimentos penitenciales
se postraban ahí mientras el fruto pleno
crecía en las vides espléndidas

Pero pronto el baño de luz se convirtió en
un baño de sangre
de nuevo
Y Dios les dio la espalda

Jesús se levantó hoy y
el ruido de la losa de la cripta
activó un detector de movimiento
y un jeep militar se detuvo

Jesús se levantó hoy
e irradiaba su resplandor dorado y
fue escoltado
hacia una unidad de descontaminación

Jesús se levantó hoy pero
no tuvo la fuerza suficiente
para liberar de mercaderes
el templo

Arthur Gatti

Jesus rose today
and was glad-handed
by a defense contractor
who wanted to put his name on a tank

Jesus rose today
and because he cursed a defense contractor
was not allowed to rise into Heaven
Was put on a no-fly list

Jesus rose today
and walked
back up
the hill called Golgotha
climbed up
upon the cross
opened his wounds
and bled the last drop

Jesús se levantó hoy
y fue felicitado de mano
por un contratista de la defensa
que quería poner su nombre en un tanque

Jesús se levantó hoy
y porque maldijo a un contratista de la defensa
no se le permitió subir al Cielo
Fue puesto en la lista negra de pasajeros

Jesús se levantó hoy
y caminó
de regreso
a la colina llamada Gólgota
trepó
sobre la cruz
abrió sus heridas
y sangró hasta la última gota

Arthur Gatti

DEATH POEM #3

Child, if you wish, I will buy you this land
Child, if you ask me
the sound of the chasms I will give you
If you plead with me my child
the green that is here will be
growing in your dreams
If it is your wish
yours will be the song of the birds

If you but answer me
then I can do all these things

More so, your breath needn't
pain you again—
This land, the sounds of
the chasms are yours

Right now, the green grows in your dreams
those that I am not permitted to know
The songs of the birds are yours alone
My desires
my riches
my expectations
are nothing

POEMA DE LA MUERTE #3

Niño, si tú lo deseas, te compraré esta tierra
Niño, si tú me lo pides
el sonido de las barrancas te daré
si tú me lo ruegas, mi niño,
el verde que está aquí
crecerá en tus sueños
Si ése es tu deseo,
tuyo será el canto de las aves

Si sólo me contestaras,
entonces podría hacer todo eso

Más aún, tu respiración no tiene
por qué dolerte de nuevo—
Esta tierra, los sonidos de
las barrancas son tuyos

Ahora mismo, el verde crece en tus sueños
aquellos que no me es permitido conocer
Las canciones de las aves son para ti solo
Mis deseos
mi riqueza
mis esperanzas
son nada

Arthur Gatti

UNEXPECTED DRUIDS

Stiff firs
Towering priests of winter
Sacramental fingers
drawing grace from the
sun
that cuts through
passing clouds
and scans the bare
altar vestments to find the
candle next to be
lit

And
—there!

The opalescent prism
of white birch
stands suddenly
alone
and bright

DRUIDAS INESPERADOS

Abetos rígidos
Altos sacerdotes del invierno
Dedos sacramentales
atrayendo la gracia desde el
sol
que incide a través de
las nubes que pasan
y escruta las vestimentas
del desnudo altar hasta encontrar el
cirio próximo a ser
iluminado

Y
—¡ahí!

El prisma opalescente
de abedul blanco
se erige de pronto
solitario
y brillante

Arthur Gatti

OUR CHILDREN WHO DIE

The game should not end
till sundown
Only when the light is gone
should we put away playthings

The gizmo of the age
was not supposed to give him
brain cancer—studies were done
specifically to disprove this

Her fever wasn't supposed to
become a life-sapping condition
to put her now at the mercy
of machines. They have a way of
giving up on the living

The good young wife and doting mother
should not have approached death's door
so many times
because a good appetite
cheered her life—back when she could eat

Who is this Death
that ignores the importance of families?

Songs of Mute Eagles

NUESTROS HIJOS QUE MUEREN

El juego no debiera terminar
sino hasta el ocaso
Sólo cuando la luz se haya ido
debiéramos guardar los juguetes

Por la cuestión de la edad
se supone que a él no debería darle
cáncer cerebral—se realizaron estudios
específicos para descartarlo

La fiebre de ella no debiera haberse
convertido en una condición que mermara su vida
hasta ponerla ahora a merced
de las máquinas. Éstas tienen una manera de
abandonar a los vivos

La buena joven esposa y madre adorable
no debiera haberse acercado a las puertas de la muerte
tantas veces
debido a su buen apetito
reanimó su vida—en cuanto pudo comer

¿Quién es esta Muerte
que ignora la importancia de las familias?

Arthur Gatti

AUGUST MOON

Lunar perigee
and the tides rise crazy
in the chemistry of skulls

The monster moon
sits tranquil on the spiked horizon
and we go nuts beneath
here on the streets

Unshaven prophets
of a thousand hungry nights
proclaim the pale yellow light of truth
Old ladies dance in open windows
Policemen hide in shadows
their hands over their eyes

Church doors take a pounding
but there's no one home tonight, pal
so take your case to the
gold glowing night

LUNA DE AGOSTO

Hay perigeo lunar
y las mareas se elevan demencialmente
en la química de los cráneos

La luna monstruosa
se posa tranquila sobre el horizonte crestado
y nos volvemos locos aquí abajo
en las calles

Profetas sin afeitar
de las mil noches hambrientas
proclaman la luz amarilla pálida de la verdad
Las ancianas bailan en las ventanas abiertas
Los policías se ocultan en las sombras
con sus manos sobre los ojos

Hay un golpeteo en las puertas de la iglesia
pero no hay nadie en casa esta noche, amigo
así que llévese su caso a la
noche del brillo dorado

WHAT IS LOVE…AND WHERE DOES SHE LIVE?

Between towered princesses
and Amazon warriors
there's the lunatic love
that keeps me in closets
till winter ends

Moon howlers
and perverse Barbie Doll dressers
with glittered nail polish
on the ganglia
of their trepanned expectations

How do I get there from here?

Another accidental inamorata?
A head-on collision with airbags
nestled in fanny-packs?
Seine nets under the High Line?
Bag me a few tourists?

How do I get back from here?

¿QUÉ ES AMOR...Y EN DÓNDE VIVE ELLA?

Entre princesas inaccesibles
y guerreras amazonas
se encuentra el amor lunático
que me guarda en los armarios
hasta el final del invierno

Aulladoras de la luna
perversas vestidas como Barbies
con reluciente esmalte de uñas
en los ganglios
de sus esperanzas trepanadas

¿Cómo llego allá desde aquí?

¿Otra amante accidental?
¿Una colisión frontal con bolsas de aire
ocultas en cangureras?
¿Redes de pesca abajo del High Line?
¿Atrápenme unas cuantas turistas?

¿Cómo regreso desde aquí?

MISS PICASSO

I know how her face sprung from Picasso's brush
why her features floated
and only spoke to madness
planes of vision distorted
dimensions tripping over each other
It was his love of the model

Her face filled his imagination
so he banned it from the canvas
Days on end staring at the blankness
until she appeared there bit by bit

This is how I see you in my every reverie
one celestial feature at a time
unconnected
How can these all be
one face
at one time?
Hair, profile, full-on smile?

Time and space bend and warp if I try to
imagine all of you
all at one time
How can I picture your face
when it conjures itself so wildly inside my head?

I am a blind man groping
seeking to un-puzzle the pieces
I am your final creator
I am your mad Catalan

MISS PICASSO

Sé cómo su rostro saltó del pincel de Picasso
por qué sus atributos flotaban
y sólo llamaban a la locura
planos de visión distorsionados
dimensiones tropezando unas con otras
Era su amor por la modelo

Su rostro llenaba su imaginación
por lo que él la proscribió del lienzo
Días seguidos contemplando el vacío
hasta que ella apareciese ahí poco a poco

Así es como yo te veo en cada ensueño mío
un atributo celeste a la vez
sin conexión
¿Cómo podrían ser todos ellos
un rostro
en un solo momento?
¿Cabello, perfil, sonrisa completa?

El tiempo y el espacio se doblan y deforman si intento
imaginarte toda
de una sola vez
¿Cómo puedo pintar tu rostro
si éste se conjura de manera tan salvaje en mi mente?

Soy un ciego que tantea
y busca armar el rompecabezas
Soy tu creador final
Soy tu catalán chiflado

***Empty beach, black clouds
and the gull struggles to fly
in its suspension***

*Playa vacía, nubes negras
y la gaviota lucha por volar
en suspensión*

Michael Hartnett

Arthur Gatti

BIRD BORNE

When she was born she was of age—
twenty or twenty-one—maybe fourteen—
born a child bride to empty nests
in dead trees

When she was born there was no blood
There was ice when she was born
and a blue sky too high above her head to see

When she was born
birds fell from the sky
Those that survived nested in her ears
and all the world
was the sound of rustling

Her stiff oval lips had a glass between them
and there was no air when she was born
Her mouth became a porthole
But her sea was dry—feathery and glazed in the
sweet frantic struggles of tidal suffocation

There was no sea
and still the birds hoped

They imagined her birth: There would be fish
or flesh

Songs of Mute Eagles

LLEVADA POR LAS AVES

Cuando ella nació ya era mayor de edad—
veinte o veintiuno—quizás catorce—
nacida como novia niña de nidos vacíos
en árboles muertos

Cuando ella nació no había sangre
Había hielo cuando ella nació
y un cielo azul demasiado alto sobre su cabeza para mirar

Cuando ella nació
cayeron pájaros del cielo
Los que sobrevivieron anidaron en sus oídos
y todo el mundo
fue un sonar de crujidos

Sus rígidos labios ovales tenían un cristal en medio
y no hubo aire cuando ella nació
Su boca se convirtió en escotilla
Pero su mar era seco—mullido y acrisolado en las
dulces y frenéticas luchas contra el ahogo por las mareas

No había mar
y aún así las aves tenían esperanza

Ellas imaginaron su nacimiento: habría peces
o carne

When she was born
seagulls carried her away
and on her back in their feeding nest
she saw blue sky
the only thing there was

When she was born
she died
of a flight of wings
of an azure heaven filled with feathers

Clouds gathered
like downy talons and
scooped out a last
laughing burst

When she was born
she held her breath forever

Cuando ella nació
las gaviotas se la llevaron lejos
y sobre su lomo, desde su nido nutriente
ella vio el cielo azul
lo único que había

Cuando ella nació
ella murió
de un vuelo de alas
de un azul celestial lleno de plumas

Las nubes reunidas
como garras dispuestas y
sacando una última
carcajada

Cuando ella nació
contuvo el aliento para siempre

Arthur Gatti

AFTER-PARTY, MOVIE PREMIERE

She black-swans soft across a gray marble floor
silver-tipped nimbus bouncing around her
as she ascends into a gallery of heroes with a
look that is a question arching on her brow

Where do I stand?

And I think about that look
And I wonder about that look
and guess that she wants me to tell her—

though it's something she already knows
In the spotlight, of course

But when she spins I turn from her, and
when I spin she turns from me

This is no tryst, no assignation
This is no serious thing
This is a woman on my arm, a companion for a visit to
a hall of the famous
and nothing more
Nothing more

But she outshines them all

so why don't we…?

And when I spin
she slowly turns toward me…

FIESTA PRIVADA DESPUÉS DEL ESTRENO

Ella como un cisne negro cruza suavemente el piso de
                                          mármol gris
un halo con remates plateados la envuelve
cuando asciende a una galería de héroes con una
mirada como interrogación curvándose en la ceja

¿Dónde me quedo?

Y pienso en esa mirada
Y me asombro de esa mirada
y supongo que ella quiere que yo se lo diga—

aunque es algo que ella sabe
Bajo los reflectores, por supuesto

Pero cuando ella gira yo me volteo, y
cuando yo giro ella se voltea

Esto no es una cita romántica, no hay obligación
Esto no es cosa seria
Esta es una mujer de mi brazo, una compañera para una visita
al salón de la fama
y nada más
Nada más

Pero ella los eclipsa a todos

así que ¿por qué no...?

Y cuando yo giro
ella lentamente se voltea hacia mí...

Arthur Gatti

The spotlight soon will be daylight, and
if the sun points to her
should I turn to look?

Pronto el reflector será la luz del día, y
si el sol apuntara hacia ella
¿Debiera yo voltearme para mirar?

Arthur Gatti

GO HOME

Let all the moneyed fools
and whoever is clogging our streets
and tourists
and tour buses
and street fairs
and developers
let them leave and go
and never look back

Let their final episode fade to black
Let us take our lifestyles back

Let the money go
Let the taxes go
Let the buildings rot
the parks go to root
or seed
or wherever concrete-bound nature goes

Let the buildings slowly crumble and fall
We are squatters on life's edges
and know how to cling to the walls
and outstay the roaches
and stunted rats from Norwegian docks

Let the buildings slowly crumble and fall
in the name of all the poets living and dead
and let the rubble dust settle atop new blooms
of lilies and piss-fed roses

¡FUERA DE AQUÍ!

Que todos los tontos adinerados
y quienes obstruyen nuestras calles
y los turistas
y los autobuses de turismo
y las ferias callejeras
y los desarrolladores
que se vayan
y no vuelvan nunca más

Que su episodio final se desvanezca hasta la negrura
Que recuperemos nuestros estilos de vida

Que se vaya el dinero
Que se vayan los impuestos
Que los edificios se pudran
los parques vuelvan a la raíz
o a la semilla
o a donde sea que la naturaleza del hormigón vaya

Que los edificios se desmoronen lentamente y caigan
Somos usurpadores en las orillas de la vida
y sabemos cómo aferrarnos a las paredes
y sobrevivir a las cucarachas
y a las ratas enanas de los muelles noruegos

Que los edificios se desmoronen lentamente y caigan
en el nombre de todos los poetas vivos y muertos
y que el polvo de los escombros se asiente sobre
                                          floraciones nuevas
de lirios y de rosas nutridas con orines

Arthur Gatti

HALF HOUR TO YOUR PLACE

My tears are subway tokens
that your turnstile doesn't understand
so I speak through the commercial blurb
on the back of the Metrocard
that I purchase with a pint of blood

You contact the 1-800 number on the back
and mention my name,
and a laughing person hangs up on you

But I'm already on the Number Four train
and it has already passed the Bronx

I am covered in goose bumps
contemplating the eerie unknown
that lies before me on the ghostly train—
What in hell could be beyond the Bronx?

MEDIA HORA HASTA TU CASA

Mis lágrimas son boletos del metro
que tu torniquete no entiende
por eso hablo a través de los anuncios
impresos al reverso de la Metrocard
que adquirí por medio litro de sangre

Marcas el número 1-800 de la parte posterior
y mencionas mi nombre,
y una persona te cuelga riéndose

Pero estoy ya en el tren Número Cuatro
que ha pasado el Bronx

Se me pone la carne de gallina
al contemplar al misterioso desconocido
que yace ante mí en el tren fantasmal—
¿Qué demonios podría haber más allá del Bronx?

VOLUNTEER

They said don't volunteer
find a paying job
I said I was born to help
They said help us
I said you don't need help
They said "charity begins at home"

Charity! Oh charity!
How many definitions did they know?

I finished the quote for them "…and goes into the world"
"Charity begins at home and goes into the world"

But maybe they were saying, wait, there is no charity here
You have to build it first, then go into the world
I said
too late…

I said that it was in my immigrant genes to help
They said I was crazy
that they didn't come here to be poor
I said but we're not poor

Maybe I will be poor, maybe I won't
They said it is not why they came here from over there
I said but you are wrong —the name of our native town
mandates my altruism
They went bug-eyed

VOLUNTARIO

Me dijeron que no hiciera trabajo voluntario
que encontrara un trabajo pagado
Yo les dije que nací para ayudar
Ellos dijeron pues ayúdanos
Yo les dije que no necesitaban ayuda
Ellos dijeron "la caridad comienza en casa"

¡Caridad! ¡Oh caridad!
¿Cuántas definiciones sabían ellos?

Les completé la cita "...y luego va al mundo"
"La caridad comienza en casa y luego va al mundo"

Aunque tal vez estaban diciendo, espera, no hay caridad aquí
Tienes que construirla primero, para después llevarla al mundo
Les dije
demasiado tarde…

Les dije que ayudar estaba en mis genes inmigrantes
Ellos dijeron que estaba loco
que no vinieron aquí para ser pobres
Pero no somos pobres, les dije

Quizás yo vaya a ser pobre, pero quizás no
Ellos dijeron que eso no era a lo que vinieron desde allá
Están equivocados, les dije —el nombre de nuestro pueblo natal
me obliga al altruismo
Ellos voltearon los ojos

Arthur Gatti

I said "we came from Saint Donate."
They said no, it's Donato
I said "okay, donate to…"

They shook their heads
walked away

Les dije "venimos de San Donate".
Dijeron que no, que era Donato
Les dije "bien, entonces *donate to…*"

Sacudieron la cabeza
y se marcharon

Arthur Gatti

OLD MEN

Longtime hard workers
discarded now so easily
find it hard to keep lonely indoor hours
prefer to sleep their afternoons away
in public places
over cold coffee
than to wake up
to find themselves
in uncomfortable easy chairs and
lumpy beds

for fear they may convince themselves
they've died
At least in public
someone else would know for sure

JUBILADOS

Añejos trabajadores incansables
desechados ahora tan fácilmente
encuentran difícil pasar las horas solitarias encerrados
prefieren dormir sus tardes afuera
en lugares públicos
sobre un café frío
que despertar
y encontrarse
sobre incómodas poltronas y
colchones disparejos

por temor a que pudieran convencerse
de que han muerto
Al menos en público
alguien más lo sabría con certeza

FAILED VOYAGES

Maybe there never *was* wind in my sails
Maybe the calm clear sea I sailed upon with you
was only my lightheadedness

I scan the empty ocean surface long and gray
for a horizon that's anyone's guess

I cannot keep an even keel

Stiff-masted arms
nothing to billow their smothering sleeves
as I stand all akimbo, imprisoned by desire's asthma
bluer than blue

It couldn't have been you
You couldn't have pulled the rug
out from under me
if I'm standing on my head
if up has always been down

Now the sky is where it ought to be
under my muddy heels

Washed ashore, I can barely rise

I am clay
and I cry only
to keep from drying up and blowing away

VIAJES FALLIDOS

Quizás nunca *hubo* viento en mis velas
Quizás el mar claro y tranquilo que navegué contigo
fue sólo mi vértigo

Escruto la superficie desierta del océano vasto y gris
en busca de un horizonte que cualquiera imagina

No puedo mantener una quilla nivelada

Brazos como mástiles rígidos
nada para hinchar sus contenidas mangas
mientras permanezco en jarras, prisionero del asma del deseo
más azul que el azul

No pudiste ser tú
Tú no pudiste haber jalado el tapete
debajo de mí
si estoy parado sobre mi cabeza
si arriba siempre ha sido abajo

Ahora el cielo está donde debería estar
bajo mis talones enlodados

Náufrago en tierra, apenas puedo levantarme

Soy arcilla
y lloro solamente
para evitar secarme y desaparecer con el viento

NEW GROWTH

The afterthought of lust
floats like a cloud
sets off the smoke detector
but only for
two
weak
cries—

FIE-YAHH! FIE-YAHH!...

fading like the memory
of moans

I cannot look at you yet, fearing the
dissolution of the miraculous
the over-inflation of the illusory bubble of wonder
that my brain wobbles inside of

Yet, *they* are there in the dark
lurking, pointing brambles at me
All the past abortions of the heart
accusing me with dried-up roses
Do I dare ask for love?

My eyes stare at the ceiling
your breath is warm at my side
I can blink away the dark memories
if I can turn to you with light, with hope
and see the same in your eyes

BROTE NUEVO

La reflexión después de la lujuria
flota como una nube
y activa el detector de humo
que sólo emite
dos
débiles
gritos—

¡FUEE-GO! FUEE-GO!...

que se desvanecen como el recuerdo
de unos gemidos

No puedo mirarte todavía, temiendo la
disolución de lo milagroso
la inflamación de la ilusoria burbuja de maravillas
donde mi cerebro se tambalea

Sin embargo, *ellos* están ahí en la oscuridad
al acecho, apuntando varas hacia mí
Todos los extintos abortos del corazón
acusándome con rosas secas
¿Me atrevo a pedir amor?

Mis ojos miran fijamente al techo
tu aliento es cálido a mi lado
puedo desaparecer en un parpadeo los oscuros recuerdos
si recurro a ti con luz, con esperanza
y veo lo mismo en tus ojos

Arthur Gatti

My sense of you is in the world at large
in the bursting need of dawning—
you become a clear sky
a sky without a cloud to disturb its infiniteness

you are the breezes within soft summer rains
you are the bright sun slicing through all weather
and I am new growth

Mi sentido de ti está en el mundo real
en la imperiosa necesidad del amanecer—
te conviertes en un cielo claro
un cielo sin una nube que perturbe su infinitud

eres las brisas en las suaves lluvias del verano
eres el sol brillante asomándose en cualquier clima
y yo soy un brote nuevo

Arthur Gatti

MARDI GRAS LAMENT

My feelings are too fat
They hang over the belt that struggles to hold them in
I am gross with emotion
What happened to the slimmer me?
Who *is* that in my inner mirror?

My feelings are too fat
I crave too many sugary things
Fresh fruit and simple friendships are not enough

I crave the deadlier calories
a stomach swollen with chocolate mousse love
puffy and full of sweet air

I must harden my coronary arteries
against what's to come:

the chill winters of the soul
when the soul will behold…that my feelings are too fat

I wear black to hide it, but others can see

I'm not fooling anyone

I try vertical stripes on shirts and pants
and socks
but these are only flimsy bar graphs
by which to measure my
gluttonous misery

LAMENTACIÓN DEL MARDI GRAS

Mis sentimientos están muy gordos
Desbordan el cinturón que batalla para sostenerlos
Estoy gordo de emoción
¿Qué le sucedió a mi yo delgado?
¿Quién *es* ese en mi espejo interior?

Mis sentimientos están muy gordos
ansío demasiadas cosas azucaradas
Fruta fresca y amistades sencillas no bastan

Apetezco las calorías más letales
un estómago hinchado con amor de mousse de chocolate
blandito y lleno de aire dulce

Debo endurecer mis arterias coronarias
contra lo que está por venir:

los inviernos gélidos del alma
cuando el alma contemple...que mis sentimientos están
                                                            muy gordos

Visto de negro para ocultarlo, pero todos lo pueden ver

No engaño a nadie

Intento con rayas verticales en las camisas, en los pantalones
y los calcetines
pero éstas son sólo delgadas gráficas de barras
para medir mi
voraz miseria

Arthur Gatti

I need to exercise
and diet
and make my feelings more slender...
as if they ever could be

Necesito ejercicio
y dieta
y hacer más delgados mis sentimientos...
como si éstos pudieran serlo

Arthur Gatti

COLOR OF SURRENDER—VARIATION 2

Crimson-spotted tissue
sweet, sticky fingers
I pat dry a pint of deep red strawberries
whose bursting can already be sensed
at the back of my tongue
where taste's memory lies

It is fruit I brought back from Chinatown
that I have just washed
in a cold, cold spray

strawberries that I will probably never eat
and that will shrivel and dry

In the radio background
Satchmo wails

All my senses
are keyed to high pitches

Today I have thrown in the towel
and I have given up on love

EL COLOR DE LA RENDICIÓN—VERSIÓN 2

Servilleta con manchas carmesíes
dedos dulces y pegajosos
seco suavemente un puñado de fresas rojo profundo
cuyo estallido se percibe ya
atrás de mi lengua
donde reside la memoria del gusto

Es fruta que traje de Chinatown
que acabo de lavar
bajo un chorro helado

fresas que probablemente no comeré jamás
y que se encogerán y se secarán

En la radio de fondo
Satchmo se lamenta

Todos mis sentidos
están afinados en tonos altos

Hoy he tirado la toalla
y he renunciado el amor

Arthur Gatti

After studying poetics with poets Milton Kessler and Stephen Stepanchev, and carrying on correspondence with Robert Bly, Art Gatti graduated Queens College with a minor in poetry and a few honors,—notably the 1965 CUNY-(City University of New York)-wide Dwight Durling Award for a manuscript of poetry.

In the face of the Vietnam War, and in response to the growing need to resist racial injustice in the United States, he entered the world of 'sixties activism. He was a co-founder of Queens College SDS, collaborator with the late Mario Savio, of Free Speech Movement fame, and co-community-organizer in Newark, New Jersey, with the recently deceased Tom Hayden, of Chicago Eight fame. Working with Savio in 1963 and '64, he headed up a project in a barrio outside of Taxco, Guerrero, Mexico, that resulted in the construction of a school in the area's poorest neighborhood.

In 2011, his efforts and material contributions helped establish at his old alma mater the northeastern United States' largest and most comprehensive archive of Civil Rights and community activism.

Political involvements eventually led him to journalism. He published hundreds of articles and columns and two books, wrote staged downtown comedy shows and sold a screenplay to the Hollywood powerhouse, New Line Cinema. As a result of the latter, he is a member-in-good-standing of the Producer-Writers Guild of America.

He's won various writing awards and has been published in *The New Mexico Quarterly, America Sings, The East Village Other, PiF, The New York Hangover, And Then, Image9, Allegro, Riverside Library Poets Anthologies, 2015 and 2016, Jefferson Market Library Poets Anthology 2017, The New York Times* "Metropolitan Diary", and the international anthology *From Neza York to New York*—a collaboration of U.S. and Mexican poets that was honored by the Mexican government and celebrated at its NYC consulate in 2015 and '16.

He chaired a poetry/fiction workshop at WestBeth, Lower Manhattan's massive artists residency, and had a regular column, "Misadventures in Poetry," in *WestView News*. In 2015 he published a book of poetry with a half-century of poems he wrote about our sister nation, called *Mexico—Dust in My Blood*.

In 2016, he assisted in the English translation of *In the Fire of Time*, the poetry of the Mexican poet, María Ángeles Juárez Téllez.

Songs of Mute Eagles, which brings together his poetic work of the last decades, is the second book of poetry by Arthur Gatti, as well as the second volume of the bilingual series of poetry "Bridges" published by the New York publishing house Darklight.

Arthur Gatti

Después de estudiar poesía con los poetas Milton Kessler y Stephen Stepanchev, y mantener correspondencia con Robert Bly, Art Gatti se graduó de Queens College con un grado en poesía y algunos honores, especialmente el premio Dwight Durling a un manuscrito de poesía que le fue otorgado en 1965 por la CUNY (Universidad de la Ciudad de Nueva York).

Ante la guerra de Vietnam, en respuesta a la creciente necesidad de resistencia a la injusticia racial en los Estados Unidos, entró al mundo del activismo de los años sesenta. Fue cofundador de la SDS de Queens College, colaborador del desaparecido Mario Savio, parte del Movimiento de Libertad de Expresión, y co-organizador de la comunidad en Newark, Nueva Jersey, con el recientemente fallecido Tom Hayden, de los famosos Ocho de Chicago. Trabajando con Savio en 1963 y 1964, encabezó un proyecto a las afueras de Taxco, Guerrero, México, que culminó con la construcción de una escuela en el barrio más pobre de esa zona.

En 2011, sus esfuerzos y contribuciones materiales ayudaron a establecer en su antigua alma mater el archivo más grande y exhaustivo de derechos civiles y activismo comunitario del noreste de los Estados Unidos.

Sus actividades políticas lo encaminaron al periodismo. Entonces publicó cientos de artículos y columnas, así como dos libros; escribió programas de comedia urbana y vendió un guión al gigante de Hollywood, New Line Cinema. Como resultado de esto último, es miembro calificado del Gremio de Productores-Escritores de América (Estados Unidos).

Ha ganado varios premios de escritura y ha sido publicado en *The New Mexico Quarterly, America Sings, The East Village Other, PiF, The New York Hangover, And Then, Image9, Allegro*, las antologías de 2015 y 2016 de *Riverside Library Poets*, la antología 2016 de *Jefferson Market Library Poets*, *The New York Times* "Metropolitan Diary", así como en la antología internacional *De Neza York a Nueva York*, una colaboración de poetas estadounidenses y mexicanos que fue difundida por el gobierno mexicano y presentada en su consulado de Nueva York en 2015 y 2016.

Presidió un taller de poesía/ficción en el complejo residencial de artistas WestBeth de Lower Manhattan, y tuvo una columna regular en *WestView News* llamada "Misadventures in Poetry". En 2015 publicó un libro de poesía con un medio centenar de poemas que escribió acerca de la nación que considera hermana, llamada *Mexico—Dust in My Blood*.

En 2016 colaboró en la traducción al inglés de *En el fuego del tiempo*, de la poeta mexicana María Ángeles Juárez Téllez.

Canto de águilas mudas, que reúne su obra poética de las últimas décadas, es el segundo libro de poesía de Arthur Gatti, así como también el segundo volumen de la serie bilingüe de poesía "Bridges" publicado por la editorial neoyorquina Darklight Publishing, LLC.

www.ingramcontent.com/pod-product-compliance
Lightning Source LLC
Chambersburg PA
CBHW032048090426
42744CB00004B/122